征缅歼敌亲历记

张业辉 著

张世林 整理

海豚出版社

图书在版编目（CIP）数据

征缅歼敌亲历记 / 张业辉著；张世林整理. -- 北京：海豚出版社, 2016.4
ISBN 978-7-5110-3176-1

Ⅰ.①征… Ⅱ.①张… ②张… Ⅲ.①国民党军—抗日战争时期战役战斗—史料—缅甸 Ⅳ.①K265.210.6

中国版本图书馆CIP数据核字(2016)第054308号

总发行人：俞晓群
责任编辑：朱敬利　杨文建　赵　慧
美术编辑：张　西
责任印制：于浩杰　王瑞松

出　　版：海豚出版社
网　　址：http://www.dolphin-books.com.cn
地　　址：北京市西城区百万庄大街24号
邮　　编：100037
电　　话：010-68997480（销售）010-68998879（总编室）
印　　刷：北京天宇万达印刷有限公司
经　　销：全国新华书店及各大网络书店
开　　本：32开（889毫米×1194毫米）
印　　张：2.75
字　　数：35千
印　　数：1-3000
版　　次：2016年8月第1版，2016年8月第1次印刷
标准书号：ISBN 978-7-5110-3176-1
定　　价：19.80元

前　言

——记我们的父亲

父亲张业辉在他的晚年，曾将他早年赴印度学习和入缅参战的经历记录下来，交给我们保管。时间是 2003 年。两年后他便去世了。其实，我们对父亲早期的这些经历不怎么了解。一来是我们太粗心，每个人手边的工作还顾不过来，没有想起要了解这些。二来是父亲也从未和我们谈起过这个话题。在我们的印象里，他是一个寡言少语、不爱表达的人，似乎很少和孩子主动交谈。我们小的时候只有在礼拜天才能见到他回家休息，其余的时间他都在单位。所以我们都习惯了他不同我们说话。当然了，小孩子也不便打听大人的过去。但从小我们就知道父亲在国民党军队里做过事。这一点，不仅深刻影响了他本人和我们的家庭，也深刻影响了我们整个的青少年时代。只要是在国民党军队里做过事，不管你做的是什么事，就一定是罪孽深重的。这就是我们那个时代的认识。

正是由于这一点，我们没有必要问父亲，他也没有必要同我们讲了。只是听姥姥讲过，他（指父亲）年轻的时候可爱和人抬杠了，非和共产党的领导争论：我们年轻的时候上过战场和日本人真刀真枪地打过！为什么说我们不打日本！我根本没有和共军打过仗！但那个时候，共产党的宣传是，只要一提国军就是不打日本，只打共军，打日本是共军的事情。

他和领导抬杠发生在 1950 年底“镇反”时期，结果就是他被定为“现行反革命”关进了监狱，差点没被枪毙。我姥姥认为这是他抬杠的结果。当时年轻气盛只有二十几岁的父亲只是讲了他自己的亲身经历，却锒铛入狱，被关了好几年才放出来。此后，他就完全变了，不但不敢和人抬杠，连说话都不大敢了，当然也不敢和我们讲述他的过去了。我们在新社会的教育下，也就相信父亲的过去是有罪的了，以致我们的整个青少年时代都是在这样令人十分压抑的背景下度过的。父亲的遭际就更可想而知了，先是出狱后被安置在团河农场劳动改造，“文革”爆发后又被轰出北京，发配到山西阳泉煤矿劳动改造。这一路下来，我们还敢问吗？别再找麻烦了！

时间到了上个世纪八十年代，随着改革开放的推进，不但经济发展了，生活得到了改善，政治空气也渐渐松动了。父亲不仅从山西回到了北京，而且政府还承认了他的起义身份，最终办理了离休。他的精神状态也慢慢有所恢复，参加了黄埔同学会，同多年不见的老朋友、老战友，甚至远在台湾的亲戚也联系上了。他们的话题除了怀旧，就是当年打日本的那些经历了。想象得出，这是他们心中的一个“症结”。而我们呢，在那个时候，要么刚刚从内蒙插队回北京，好不容易才找到工作；要么刚刚大学毕业，走上新的工作岗位。总之，我们还没有想到去了解他的历史。

但是，随着电视机的出现和普及，我们发现晚上在一起看节目时，只要画面上出现打日本的场景，父亲便会老泪横流，泣不成声。我们还以为是人老变得脆弱了，也未深究。有时在一起聊天，我们会提及抗日名将戴安澜、孙立人、张治中及冯玉祥等人的名字，父亲一听就会热泪滚滚。由于他晚年得过脑梗，语言表达更成问题了。我们也就尽量不在他面前提这些人和事了。

随着中国社会的不断开放，特别是大陆和台湾的密切接触，如何看待和评价国民党抗日的问题，便成为了一个焦点。因为历史事实俱在，特别是两岸大量亲身经历过抗战的老兵还健在，国家开始正视这一问题，逐步承认并肯定了抗战初期国民党领导的正面战场是抗战主战场的事实和作用。看到这样的变化，父亲的内心一定是感慨万千。他知道向我们陈述那段经历有困难，便采取笔录的方式，抓紧时间，认真书写。他把这些记述交给我们，旨在让我们能了解他的过去，知道他确实亲身参与了那场伟大的战争，是对得起民族、对得起国家、更对得起我们这个家庭的。

就在2005年，我们国家举行了隆重的纪念抗日战争胜利六十周年的庆祝活动。在这次纪念活动中，父亲还得到了国家颁发给参加抗战的老兵的纪念勋章，这说明国家进一步肯定了他们在抗战中的历史作用和重要贡献。父亲那颗多年备受压抑的心灵得到了抚慰。虽然在那年的10月他老人家便永远地离开了我们，但我们都相信搬掉了这块长期压在他心头的大石头，他是轻松上路的。

今年适逢世界反法西斯战争胜利七十周年和中国人民抗日战争胜利七十周年，在这样一个重要的日子里，我们把父亲留给我们的记述整理出来，我们明白了父亲当年为什么一谈起那些人和事、一看到那些画面就会泪流满面；我们还在这些文字中清晰地看到当国家和民族处在生死存亡的危急关头时，父亲和他们那一代青年学生积极响应国家的号召，毅然决然地奔赴战场，用自己年轻的生命和一腔热血同民族的敌人血战到底的光辉身影。

那场战争太残酷了，从父亲简单的记述中，我们都能深刻地感受到这一点。同样是中华民族的优秀子孙，同样高唱着《义勇军进行曲》奔赴前线，同样抛头颅洒热血用自己的血肉之躯与穷凶极恶的日本鬼子作殊死的搏斗，同样最后迎来了中华民族的伟大胜利。本来他们同样都是我们的民族英雄，他们这一部分人后来却活得十分委屈和压抑。

不过，好在事实终将战胜欺骗。历史会记住他们的贡献。我们又记起了父亲在结尾时说的话：“我为自己年轻时所作出的选择无怨无悔。我为自己能亲身参与那场伟大的抗日战争而感到骄傲。我可以自豪地说：我爱这个民族和国家！我为她们尽了力！”

我们也为父亲感到骄傲！

张伟林 张世林 张广林

2015 年 8 月 12 日

目　录

一、赴印度接受训练

1943 年我二十岁，正在湖南陆军机械化学校学习。当时的教育长是徐庭瑶。这时抗日战争已经进入后期，即战略反攻阶段。随着太平洋战争的爆发，美国正式对日开战，中国战场牵制住了大批日军的主力部队，成为抗击日寇的主战场。中、美、英三国为了共同打击日寇，组成了抗日同盟军，主攻的矛头直指缅甸战场，以期尽快打通被日军切断的中缅通道，使得大批援华抗战物资能够及时输送到国内，支援各个战场的反攻；又可以大量歼灭侵缅日军，解放东南亚。为此，总统蒋介石号召全国十万青年踊跃参加抗战，同时命令湖南陆军机械化学校成立两个战车保养连，赴印度中部接受美军训练。时间是 1943 年的春季。

就这样从本校抽调了两个连的人，即由本校所属汽车修理厂、机器制造厂的实习技术人员二百多人组建而成，从中选拔两位懂技术的人员担任连长；又从学生中抽调六人，提前毕业，担任排长。我是六人中的一个。队伍组建好后准备出发，目的地是云南昆明。我们从驻地湖南的洪江步行，经安江到达芷江，进入贵州后，先来到了黄平，沿途有车就租车坐，没车租就步行。一到贵阳便到处都是山路，到达云南地界路才好点。就这样走走停停，用了约两个月的时间来到了云南的曲靖，改乘火车抵达昆明，等待飞机飞往印度。没等两天，我们就在巫家坝机场乘美军大型运输机飞往印度，途中翻过喜马拉雅山，幸运的是没有遇上日本零式战机的拦截，否则就回不来了。这样，我们顺利到达了印度的汀江机场。

印度属于热带气候，天气酷热，穿着衣服热得受不了，可光膀子也不行，经不起太阳晒，直到晚上太阳落山才好受一点。我们当晚就住在了机场的附近。盟军英国人送来了蚊帐、毛毯和衣服，我们住进了他们提供的帐篷。那儿蚊虫特别多，没有蚊帐可不行。晚饭是我们自己的炊事员煮的大米饭，外加英国人提供的大盒牛肉罐头。

第二天上午，我们乘坐火车往印度的中部出发，英国人送来了路上需要的给养品：牛肉罐头、压缩饼干和牛奶，没有饮用水。一直到了印度的第一大河——红河，横贯印度南北，比我国的长江还要宽广，我们改乘船前行，也不知道往哪儿开，也没有地图可看。反正有连长和翻译领着我们，只管跟着走就是了。船行了三日才上岸，有许多印度小孩围着我们看，并伸手要吃的，可他们说话我们听不懂，只知道印度是英国的殖民地，非常贫穷，没有工业，所以造不起桥，和旧中国差不多。

接着，我们又换乘火车到达了目的地——兰姆伽。这里是印度比哈尔邦兰溪县的一个小镇，在普通地图上是找不到这个地名的。第一次世界大战期间，英国在这里修建了一座俘虏营，用来关押意大利战俘。营区面积有五十多平方公里，区内建有二百多所大小房屋，可以容纳几万人。经过改造之后，营区又新建了几个训练场和打靶场。这里有纵横交错的公路相通，训练和生活设施很齐全，卫生条件也不错，是一个理想的训练场所。但我们刚到时，并无固定房屋可居，分给我们的驻地是一片约五万平方米的沙土荒地。于是我们就地搭建帐篷，并在四周挖了排水沟，防备下雨。印度人

当年的兰姆伽训练中心

送来了木板床和毛毯，热带气候也不冷，冬天太阳晒着的时候还得穿背心呢。每人发了一双印度产的牛皮靴，走起路来吭吭直响。

兰姆伽的大街其实就挨着公路，大街上邮局和商店全有，我们平时和国内通信设有军用邮箱，根本不用去邮局。此外还有许多华侨商店，出售各种商品。有的还设有冷饮餐桌，卖刨冰和冰淇淋。我们每个人每月都有薪水：少尉军衔是九十卢比，上士班长是四十二卢比，中士是三十卢比，士兵只发六卢比。好在我们是为了抗日来这里接受训练的，不是为了挣钱来的，大家的想法是一致的。

我们一到印度，就看到到处都有大象。大象是有专人饲养的，都很驯服，帮助人们干活，能耕地、翻土、驮运东西，还能供人骑乘。我们天天和它们相见，也就习以为常了。再有就是猴子多。我们晚上睡下后，常常听到大树那边有鸣叫声，不知是什么在叫，便开车去大树那边看。原来是森林那边有一大群猴子在喊叫，足有二百多只，有大有小，大的拉着小的，老的抱着幼的，它们在树上和地下又蹦又跳。我们把车灯关掉，它们就好了一点。后来相处得久了，有人夜里起来，看见有几只猴子溜进帐篷里来找吃的。我们想逮住它们玩玩，可它们十分灵活，根本就抓不住，只好作罢了。

印度的风俗人情很有趣。一般妇女在结婚之前在两眉之间点一红点以作标志。有钱人家的闺女在鼻子的左边镶嵌一两颗宝石以示美丽。早晨在村庄里上公共厕所时，不论男女老少都是右手提一铁罐头桶凉水带入厕所，那是解完手后清洗肛门用的，具体做法是右手提起铁罐头桶倒水，用左手清洗肛门，绝对不能互换，这是从小就要养成习惯的，不能有错。他们是不用手纸的。他们向别人递送或接受物品时，一定要用右手，不用左手，否则就是不礼貌。因为左手是用来洗肛门的。这是一个基本的礼节。

二、有关训练的情况

我们每天早上六点起床，整理内务和洗漱。七点开饭，吃的是面片汤就馒头，以油炸花生米当菜。稍后派人去中国公墓干活。中午回来吃饭。下午接茬儿去，来回有车接送。不到一个月就完活了。

其后开始训练。先是在大树底下挖了一个十米见方的大坑，上面铺上沙子，在树上拉上两根绳子，让人抓住绳子练习过沟，以备将来野外作战之需。这是上午的训练科目。下午去游泳池划水练习水性，以备战时需要。中午是十二点开饭，一般吃的是大米饭，印度的大米比中国的米粒大一倍。菜是炖牛肉和菜花，有时是罐头羊肠。晚饭是六点开始，吃的和中午一样。晚饭后是自由作息时间，可以去营房外看露天电影，大都是美国好莱坞的片子。有时可结伴到电影院去看，票价很便宜，仅要几个安那，一个卢比可兑换十个安那，就和角分一样。九点前必须回营房，九点准时熄灯，要查铺。每个帐篷内发一盏马灯照亮，那时还没有装电灯。星期天放假，可自行安排。或逛街，或上俱乐部打乒乓球，或看书和画报。可以去公家开的餐馆就餐，中国菜全有，服务员全是中国的男人。我去那里吃过几次，用不了一个卢比就可以吃一碗肉丝面。我们在俱乐部可买

中国远征军在兰姆伽接受军训

到日用品和饼干及各种水果。这就是我们的作息时间。

上面的训练结束后，开始正式学习驾驶汽车。所有的人都进汽车学校学习。第一个星期的每天晚上八点去汽车大厅看电影。所谓大厅就是能容纳二百人的大帐篷，大家席地而坐，放映的是介绍汽车构造和发动机原理的卡通片，形象地告诉学员汽车是怎样发动和跑起来的。当然了，我们这些在机械化学校里学过的人都知道这个原理，但在美军开设的汽车学校则一律要学。在每次开头放映前或中场休息时，都要放一段《义勇军进行曲》给学员们听。我不知道美国人是怎么知道中国人都爱唱这支歌的。但每次当歌声响起：

起来，不愿做奴隶的人们，把我们的血肉筑成我们新的长民族到了最危险的时候，每个人都被迫着发出最后的吼声。起来！起来！起来！我们万众一心，冒着敌人的炮火，前进！冒着敌人的炮火，前进！前进！前进，进！

每到这个时候，大厅里的歌声冲破屋顶，直上云霄，全体学员都热血沸腾，浑身都充满了力量。他们知道：现在要学好技术，掌握好杀敌本领，只等一声令下，就会冲向日寇，讨还血债。就是这支歌曲陪伴并激励着我们顺利完成了前期的学习。

紧接着就是进入八个驾驶场地的实地操作和演练。每辆车上都有一位上届毕业生做助教，负责监督操作和指导练习。每个驾驶场地演练一周，一共是八周的时间，除去星期日休息外，只有四十八天学习驾驶汽车的时间。且每个驾驶场地都有各自的特点和不同的设施，一个比一个难。有的是丘陵地带，考验你在拐弯和上坡时如何变速。既不能熄火，又不能溜车。到最后一个场地就是考你如何把掉进坑里的汽车用车自备的绞盘设法拉上平地。最后的练习科目是长途夜行军，自己驾车，不用助教跟随，不许开大灯，只看前面一辆车的尾灯，一辆跟着一辆，一共有一百多辆车，鱼贯而行，不能掉队。来回往返三百多公里，要在一夜之间完成，天亮以前返回驻地，就算完成训练。接下来是毕业考试：每辆车上有一位美军驾驶员坐在副驾驶的座位上监考，学员顺马路在兰姆伽大街上来回一圈，一切顺利无差错，考试通过，发驾驶证一本。

学完驾车，还要学习使用武器装备。最初是学习手榴弹的投掷方法：先挖好一条沟，人在沟内站好，将美制香瓜手榴弹用右手握紧，向上方抛掷，然后猫腰以保护自己。因为香瓜手榴弹无把，不能平地扔出去，那样会随地乱滚，击不中目标，还会危害到自己。所以必须看好目标，向上投掷，才能有效。每人实投三颗，炸开算完事。其次是学习射击。先学好瞄准目标，然后去靶场实弹射击。每人五发子弹，看谁击中靶心多少环。但因全是新手，在国内都没有摸过枪，大都打飞了，却锻炼了每个人的胆量。最后一天先是练习汤姆森冲锋枪的装卸，在地上安置一条木案子，由美军士兵做拆装演练，大家在旁观看，然后自己动手练习。经过多次拆卸演练，每人都会了。接下来举行移动靶射击训练。所谓移动靶，就是用一根绳子两头拴在树上，用人在两头来回拉绳就成了活动靶子。每人发二十发子弹，距离只有二十米，举枪连发。中靶率比较高。

在印度兰姆伽接受训练

有一天，连里挑出包括我在内的十来个熟练的技术工人出身的学员，在技术员的带领下到十多公里外的车间去干活。所谓车间就是两辆工程车，车上装有车床、刨床、钻床等设备及电气焊工具等。具体的工作就是修理坦克履带、焊接零星配件等。那里原有几位美军军士在干活，见我们来了，就把工作交代给我们。我用英语向他们介绍我们这些人的情况，他们听了都点头握手表示感谢。没过两天，美国人都不来了，就是我带队干活。这些技术工人拿起工具什么活儿都会干，这些活儿根本难不住我们。就这样，美国人从此都不来了，所有的活儿都由我们干了。好在用什么有什么，工具材料都不缺。后来我才知道，美国人也干私活。有一天，一个美国军士拿来二毫米厚的铜板让我们给配十几把钥匙，照样子做，这还不是手到擒来，没过两天就给他了。他们也知道来这里干活的都是技术工人，机床样样都会干，所以他们就放心大胆地不来了。不到半个月，我们就把九辆坦克的履带修好了。没有其他要修的了，我们也就不用去了。

接下来该我们当汽车助教了。美军领来一百多名新学员，要我们把他们培养、训练成合格的驾驶员。这对我们来说，可谓是轻车熟路，我们马上就开始着手培训了。经过同样八个不同场地的训练，淘汰了一些动作差得不行的人，其他的人都交给美军汽车学校甄别考试过关了。

在印度兰姆伽接受整训的中国远征军

其后，该我们连执勤了。每天早上去停车地点接受任务，由指定人员具体分配。有的车被分配去医院；有的车被分配去屠宰场，分装牛肉往各单位送；有的车被分配到储运部去送货。还有为中国军队服务的特别的车，特别之处就是每星期日去一趟兰溪县城。观光购物都集中在一个地区，早上九点开车出发，晚上回来，往返有三百多公里，必须找技术熟练的驾驶员，中途车遇故障自己可排除。一天有两个卢比的补贴，还能观光，这种美差谁都想去。这一天轮到我去，只有一位印度的翻译官去购物，车上空空的。好在英国人把印度的土路都修成了柏油路，三个小时就到了目的地。

一进街口，遇到一批美国黑人游客，他们见到我这个年轻的中国人，便热情地跑过来和我握手、聊天。他们问我从哪里来到哪儿去，我用英语一一作了答复。同来的翻译官也会英语，他也和他们谈了一阵子。最后他们拿出相机和我们合影留念，这才依依不舍地分手。到了吃午饭的时候，我和翻译官走进一家印度饭馆，我们要了两份颇具印度风味的咖喱盖浇饭，才用了不到两个卢比。

吃完饭一出门就看到两只大象，身上安有佛龛，两位印度妇女坐在里面。旁边立着两个仆人，他们在大街上漫步。妇女的鼻子左面镶嵌有宝石，眉心点着红点，表明是大家闺秀。大象在大街上自由行走，连警察也不管，这在印度是司空见惯的事了。这里街道两旁楼房林立，走到中途约一公里处，就是停车场。见有很多人在围观，我俩也凑上去瞧热闹。

原来是一要把式的在表演飞刀：一人立在门板中间，另外一人手拿十多把三十多厘米长的尖刀，离开一段距离，向立着的人掷去。我们到时，立着的人头部周围已扎满飞刀，要把式的正在向人体两侧掷刀，每把刀离人体不足十厘米。掷完后的尖刀组成的就是人体的形象。这很有点像我们国内天桥要把式的。围观的人见状都喊“TK”，印度人称“OK”为“TK”，就是好的意思。我们也大喊“OK”。大家都扔钱给他们，三个或五个安那不等，我俩却给他们扔了两个卢比。众人回头看是两个中国人，都很奇怪。翻译官赶紧用印度话介绍说："中印两国是友好邻邦，这没有什么。"离开此地后，我们又到百货商店买了一些日用品，就开车回兰姆伽了。回到兰姆伽时，已是傍晚时分。我交完车就回住处了。

次日，有几辆车被分配到远郊区去送无线电收发报机，就是用于临时电台向其他电台呼叫，以备今后作战时相互联系。这项工作前后干了一个月。其后，我们两个连就分开了。一个连仍留驻地，叫战车保养第二连，我就在这个连。另一个连是第一连，被调往他处。我们连换了一位连长，名叫王有维，是少校军衔。又调来一位美军中尉联络官，我们叫他"留太伦丁"，就是中尉的意思。一般美军是称呼军衔的。

这时已是1944年年初了，我们不再住帐篷，而是搬进印军营房了。这里有带冲洗的厕所和洗澡间，有库房、篮球场和图书室。不久，上面挑选出五十名官兵去战车学校，学习坦克的驾驶和射击。我是少尉军官之一，随同前往。一共学习六个星期，一般都是机校的老手，只是缺乏实际驾驶坦克的经验。训练场地是一片丘陵地带，只要能驾驶坦克绕圈子就行。我们驾驶的是美制 M3A3 型轻型坦克，重十五吨，装备有无座力平射炮和重机枪。驾驶法还是老办法，助教带领几天，我们就会了。不用上马路，绕圈子就行。不到一个月，我们就都掌握了坦克的性能。美军还夸我们这一批学员能干，一学就会。坦克的引擎是七星气

驾驶 M 系坦克的远征军战士

缸的飞机引擎，使用的是100号的汽油，敞开使。补充弹药有输送装甲车护送，完全是实弹练习。我们都抓紧时间，刻苦练习，就等着到战场上狠狠打鬼子，报仇雪耻！

配备了美国坦克的中国远征军

1944年的3月，我们开始学习汽车三级保养：引擎该换机油的换新机油，该加刹车油的加刹车油，十轮大卡车的轮胎全部卸下来，该加油的加油，该加油脂的加油脂，丝毫不能马虎。特别是将六个轴承卸下加油脂，外面一层轴承上紧后需向外松动半圈，以免咬死而损坏轴承。在早已搭建好的大棚内，把引擎盖打开检查空气滤清器内机油清洁情况，有泥沙的必须更换新机油；检查汽油滤清器内有无沉淀物，该清洗的必须清洗，以免中途因油路不通而抛锚；电路方面检查变压器及分电器有无故障，检查分电器内白金的好坏程度。做完这一切项目检查之后，再将轮胎全部紧好。这就保证了汽车行驶的安全。

就在4月中旬的一天，扩音器里突然传来美国总统罗斯福逝世的消息，大家脱帽默哀致祭。后来杜鲁门继任美国总统。

三、二战局势和中国的抗日战场

中国赴缅甸远征军

中国远征军——光荣伟大的部队

这一时期，世界早已形成了两大阵营：一是以德国、意大利和日本为轴心的二次世界大战发起国，到了这个时候，他们妄图称霸世界的野心早已被世界上大多数国家所识破，在各国人民的英勇抗击下，他们已是穷途末路，不过是在做垂死挣扎而已。日本于 1941 年 12 月 7 日发动的偷袭美军珍珠港事件，导致美国政府不得不正式宣布对日开战，从而形成了以中、美、英、苏为首的反法西斯阵营。

而中国无疑成为了抗击日本法西斯的主战

场。日本自1937年发动侵华战争至今，他们最初提出的三个月亡我中华的速胜论调，早已被眼前深陷中国战场的泥沼而不能自拔的困境所戳破。美国政府认识到了中国战场大量牵制日军有生力量的重要作用，决定进一步加强对华物资援助，除了派遣第十四航空队和五百架运输机加大航空运输以外，还试图打通滇缅陆路交通，从而有力地支援整个中国大陆的抗日战场。这是后话。

先来说说美国第十四航空队的援华事迹。他们的运输机在印度的汀江机场装满物资后要想直飞昆明机场，其间只有一条航线，那就是必须飞越喜马拉雅山才能到达昆明机场。别看两地之间只有大约八百公里的航程，却是一条玩命的航线。当时为了保证运输，不管天气好坏，即使下雨都得飞行。日军为了破坏航运，派出零式战机由缅甸机场起飞拦截，给我们的航运造成了巨大的威胁和损失。

近三年的时间内，中美双方竟损失了五百

架飞机，除了被日军击落的以外，更多的是因为这条航线地势十分险峻，如西藏是青藏高原的主体，平均海拔在四千米以上，素有“世界屋脊”之称。特别是西藏境内雄伟高大常年被积雪覆盖的山脉连绵不断，恰似驼峰，犬牙交错，加之海拔高，太阳辐射强，空气稀薄，气候变化异常，难以找出规律。有时明明晴空万里，转瞬便风雪交加，难辨天日，一旦被云层封锁，飞机有如瞎子闯进了死胡同，凶多吉少。再加上没有航行图，更没有熟悉地形的领航员，所以当时的航运真是比登天还难！损失惨重，自不待言。结果沿途布满的飞机残骸，在阳光的照射下光亮可见，竟可成为一条航道路标。为了共同的抗战事业，中美两国许多飞行员付出了年轻的生命。

所以，打通滇缅陆路交通尤为重要。但日军偷袭珍珠港成功后，战舰即从马六甲海峡进入南太平洋进攻南洋诸国，如新加坡、菲律宾、马来西亚被其相继占领。接着，英属殖民地香港和缅甸亦被侵占，致使英国宣布对日开战。缅甸的首都仰光陷落后，日军长驱直入，进逼云南，直接威胁我大后方。特别是滇缅公路——中国战场通往外界的唯一一条交通要道被日军切断，对中国的整个抗日战场产生了严重的影响，后果不堪设想。日军控制的仰光电台正在转播仰光班都拉广场上日军阅兵的实况，成千上万的日军士兵在咆哮、跺脚。接着收音机里便传出板田梓二郎中将傲慢的吠声，他断然宣称要在两个月内打通中缅边境，消灭

滇缅公路是通往滇西的主要交通干线，是事关中国抗战命运的生命线。

中国远征军。

国民政府和盟军美国考虑到整个战场的形势，认为绝不能让日军的意图得逞，遂组建了中国战区，参谋长即由美军名将史迪威将军担任，他同时兼任中印缅战区美军司令，并亲自率军入缅作战。在整个春季攻势中，日军凭借装备上的优势，扫荡了一座座缅北城镇，由中国远征军防守的同古城终因日军施放毒气而被迫放弃。

当时的滇缅公路

4月初，斗志涣散的盟军——英军丢失了重镇普罗美，致使中国远征军侧翼受到威胁，不得不撤出彬文那。

日军在攻占了滇缅公路的终点站后，向腊戍战略要地——八莫和密支那发动攻击，两地相继沦陷，中国远征军的退路被截断了。在日军优势兵力的夹攻下，史迪威将军率领一部分中国远征军退往印度。戴安澜将军率领 200 师退入野人山，不幸的是戴将军在撤退途中负伤后壮烈牺牲。后由副师长高吉人率部且战且退，浴血突围回国。戴安澜将军的尸体因不能保存，只好火化后装入一小棺材带回。途中一

中国远征军穿越野人山

老者闻知后，特献出自用特大寿材。部队将小棺材装入其中，带回广西全州200师的发源地埋葬。

中国远征军第5军第200师师长戴安澜

四、陈纳德将军痛击日军

陈纳德将军

日军在取得上述胜利后，长驱直入攻入中国边境，沿着怒江西岸向中国腹地突击。5月上旬，其前锋已抵腾冲、龙陵，云南告急。此时驻守在云南王加坝机场的美国空军第十四航空队陈纳德将军和他的飞虎队接到上峰命令：立即迎头痛击日军！此前，陈将军也曾奉命攻击日军，但他总认为时机未到，没有投入全部的力量。他一直在寻找战机，等待敌人再靠近点。这次他认为机会来了。

准备战斗！一声令下，整个机场进入一级

飞虎队准备驾机迎战

战备状态：地下弹药库的大铁门敞开了，一箱箱的重磅炸弹提升到地面上来了，满身油污的装卸手用手推车把炸弹推到轰炸机旁。几台起重机用铁链捆住那光滑的弹体，小心翼翼地往上吊，二百多千克的大炸弹沉得直往下坠。就在炸弹悠来晃去之时，一名士兵以十分灵巧的动作，把它悬挂在飞机腹下。大象鼻子般的输油管从机场的各个角落伸到飞机旁，油罐车在跑道上哐啷哐啷地开来开去，还发出令人烦躁的鸣笛声。检修人员满头大汗，不顾地面上的泥水，干脆爬着对机身的所有零件做最后的安全检查。此时，作战室里也炸了窝：电话机不停地响着，参谋们捧着电报和命令跑进跑出，忙得连抽口烟的工夫都没有；焦头烂额的话务员只能偷偷地求助于镇静剂。

决战的时刻终于到了！当三颗红色信号弹升上天空，陈纳德将军全身披挂跨上了带队长机。他的后腰上挂着一支美国飞行员用的大口径柯尔特牌手枪，口里正津津有味地嚼着一块口香糖。与此同时，美军飞虎队的史拉凯少校、希尔上校和阿康纳中校，也分别从沾益、呈贡基地带队起飞助战。上百架美制 P-40 型战斗机发出的巨大的轰鸣声，几十里外都能听到。

这是一个风和日丽的午后，亚热带 5 月的骄阳，像一只巨大的火球挂在云贵高原之上，游动于朵朵棉絮般的白云之间。底下弯弯曲曲的怒江，碧绿晶莹，泛着道道炫目的金光。简陋低矮的农舍，影影绰绰，弹痕累累的滇缅公路闪现在绵延不断的崇山峻岭之间。这时，耳机里突然传来侦察机的呼叫：

“飞鹰！飞鹰！兔子来了！兔子来了！”

正在驾机飞行的陈纳德将军，一边嚼着口香糖，一边平静地问道：

“看到什么了？”

“起码有两个师团，排着分列式那样整齐的纵队开过来了。似乎还唱着《大东亚进行曲》呢。”

侦察员报告说。

“OK，太棒了！我还从来没有听过这首歌呢。”

蓦然间，怒江西岸出现了一支庞大的地面部队。以坦克、卡车和摩托车为先导的日军密密麻麻地遮断了公路和山路。这就是赫赫有名的日本陆军第十五军团，他们正准备强渡怒江，入侵华西。

陈纳德见状，趁日军还未发现我轰炸机之时，立即发出攻击指令，并带头俯冲接敌。这是他生活中最快乐的时刻：伸张正义，充当复仇的使者。他和他的战友们好似饿虎扑羊，从高空猛扑而下，面对日军的队列，投下一枚枚穿甲弹和爆破弹。日军的坦克群和卡车队纷纷起火。趁着敌人惊慌错乱之时，飞虎队战鹰又对准日军的步兵和江面上的浮桥枪炮齐发，不仅大量杀伤敌军，还炸毁了日军工兵辛辛苦苦搭建起的浮桥。此时，不可一世的日本皇军正像蚂蚁一样四处逃生。陈纳德和他的战友们把飞机上所有的弹药都扔到鬼子们的头上后，才将机头猛地拉起，升上蓝天后，还不忘欣赏着地面上他们创作的杰作。

熊熊的火焰被风势卷向路旁的丛林和山道，地面上一个个弹坑周围都吐出黑红的火舌，狠狠地舔舐着倒在地上的日军官兵。突然霹雳一声巨响，一长列弹药车爆炸了，乌烟翻滚，烈焰飞腾。停在江边的高射炮牵引车还没来得及松开挂钩，也惹上了一身的火苗。从高空往下面看，仿佛有一条火龙在蠕动。此时，陈纳德笑了，这才是他要的画面。他一直在等的就是这一天。他尝到了如释重负的快感，这才依依不舍地率队掉头飞走了。

当第一批炸弹落地时，日军第十五军团司令长官板田样二郎中将就被从马上震落下来。直到空袭结束后，幕僚们才将浑身沾满泥土的他从藏身的山沟里扶起来。他拍去身上的泥土，整了整衣冠，失魂落魄地望着他的部队遭受浩劫后的惨状：几十分钟前还在全速前进的辎重车队、炮车队、坦克车队和步兵方阵，此时只剩下了歪七扭八、横躺竖卧的烧焦了的车骸；炸断了履带和炮筒的坦克翻倒在公路两旁；大部分的卡车烧得只剩下了铁架子；一辆炸瘪了的摩托车一头撞在岩石上。总之，这一切现在都变成了一堆废铜烂铁。

在方圆数公里的公路、小路和开阔地上，横卧着数以百计的死伤官兵。这些来自数千公里外的岛国，正当青春年少的大和民族的子孙，还未能喝上一口怒江的水，就捐躯在异国他乡了。到处都是七八米的弹坑，到处都是支离破碎的人体，到处都是血，空气中充满了刺鼻的臭味。

板田乘坐的那匹坐骑，腹部裂开了一道大口子，正在发出哀鸣；被弹片崩瞎了眼睛的官佐和缺胳膊少腿的士兵只能哭爹喊娘；有些伤员实在无法忍受疼痛而开枪自杀。凡是还有记忆力的人，在他们的有生之年，只要一想起这样的一幕，都会吓得不寒而栗的。

此时，板田梓二郎中将来到河岸，残存的官兵纷纷从藏身之处心惊胆战地走了出来，他们心有余悸地迈过地上的尸体，拖着沉重的脚步，到指定地点集结。他们望着眼前那宽阔的怒江，江水湍急地流淌着，先前抢架起的浮桥犹如梦魇一般，早已消失得无影无踪。怒江就在眼前，但他们却再也不能向前一步了。在幕僚们惊诧的目光下，百战百胜的板田梓二郎中将，突然蹲下身去，抱头痛哭起来。他已无力完成从西南方向攻入中国腹地的大业，却将众多官兵留在这人迹罕至的河谷地带。失去了战斗力的日军部队，只能全部向后转，沮丧地退回了缅甸。滔滔的怒江，好似一把利剑，毫不留情地斩断了日军第十五军团的进军路线。

整个5月份，战事集中在滇缅边境。飞虎队连连出击，除了对敌人地面部队实施空袭轰炸外，也与日军空军零式机群进行过几次大规模的空战。尽管战绩显著，几乎完全掌握了制空权，但地面盟军部队的失利，仍使战局向着危险的方向发展。中国军队在歼敌千余名之后，不得不放弃了边境重镇——畹町。从腊戌北上的日军，又趁势攻占了芒市、遮放、盈江和龙陵。中国军队为了阻断日军的进攻路线，忍痛炸毁了连接滇缅的重要桥梁——惠通桥，将日军阻隔在怒江天险以西。由于日军攻占了龙陵，中国通往外界的唯一通道滇缅公路被切断。

对此，史迪威将军严令陈纳德出击，坚决阻止日军渡江，否则就要军法从事。陈纳德将军不得不开始实施更猛烈的轰炸计划：几个中队轮番出击，每天投弹一万五千公斤，不给日军以喘息之机。到了5月下旬，整个飞虎队更是倾巢出动。25日轰炸怒江西岸，26日轰炸龙陵，27日轰炸芒市，28日入缅轰炸缅北。这哪里是轰炸，简直是以炸弹耕地。日军阵地的上空一天二十四小时都能听到美军轰炸机的吼叫声。它们不停地往下扔炸弹，好像把全美国的炸药和钢铁都搬到这里来了。怒江西岸被炸得一片浮土，连虫子陷下去也会半天冒不出头来。桥头堡被夷为平地，后勤供应站被炸得底朝天，腊戌车站里的火车头被炸得颠覆出轨。而日军的全部人马只能龟缩在大山中，整整七天他们连头也不敢抬。

陈纳德和他的飞虎队队员

飞虎队的频频出击，迫使日军全线后撤，在两年内都不敢在怒江一线发动大规模的攻势。直到第二次世界大战结束，滇西的日军始终未能渡过怒江。这应该给陈纳德将军和他的飞虎队记上一功。

五、中国驻印军战车营赴缅参战情况

1. 人员和装备

1943 年 11 月，以在印度兰姆伽驻印战车训练班经过训练的一千多名官兵为主，组成七个战车营，实际成立了第一、第二、第三战车营，营长依序为赵振宇、梁燕、吴文芝；第四、第五、第六、第七营（第七营为装甲汽车营）的营长为谭宝霖、王先沂、钟明达、鲍重南，因暂时还没有装备，先由他们去筹备。实际接到装备的是第一、第二营。装备是我军派人事先在加尔各答准备好的。一、二营从兰姆伽出发去加尔各答领取。而战车训练班结束时留下的教练车和数十辆 M3A3、M4A4 坦克等，全部移交给战车第三营作为装备，并命其在兰姆伽待命。

2. 战车第一营主要人员和装备

战车第一营营长赵振宇上校（继任赵志华）是黄埔八期、陆军大学十七期毕业生，曾参加过淞沪抗战，在战车训练班当了数月队副。担任营长后，他大事依靠美军联络官陈维楚。

战车第一营下辖三个战车连。第一连连长赵际昌，第二连连长詹海蝉，第三连连长孙明学，他们三人都是黄埔十三期的。还有一个补给连，连长刘奎斗，浙江大学毕业，机校技术学员队第三期的；下有孙廉、周其常、唐楠、陈瀛生等四人。分配在战车第二营补给连的有钟民祥、吴正衡、胡祖椿等三人。分配在战车第三营补给连的有韩丕涛、林树华二人，他们都是营里的修理技术骨干。周其常、唐楠和钟民祥是修理组长。战车营的士兵大部分是大专或高中学生，战车乘员则都是在机校受过训练的学员。以上人员均为驻印训练班第一期毕业生。

战车第一营共有官兵七百多人，各种车辆近三百辆。具体配备是：营部有坦克五辆，营长、副营长各一辆，战车组三辆。战车三个连，连长、副连长各一辆，下有三个排，排长、副排长及三个车长各一辆，另有资深的上士任车长的两辆。故每排有坦克七辆，每连有坦克二十三辆，加上营部的五辆，全营共有M3A3轻型坦克七十四辆。后来，每连增加了两辆重三十三吨的M4A4中型坦克。但经实践证明，在缅北丛林中，开路、架桥十分困难，M4A4中型坦克又易陷入泥泞中，不适用。我所在的连搜索排有搜索车十九辆，该车重两吨半，系履带式超轻型战车，四面钢板防护，上面无顶盖，车载重机枪一挺，报话机两台。因无顶盖，乘务员易伤亡，该车后被淘汰。补给连有辎重、保养检修（即车辆检修所）等必需的工程车、战汽车、器材备件车、油料车、运兵车、卡车和起重吊车等约一百多辆，设备齐全。

3. 战车第一营参战经过

1943 年 11 月，战车第一、第二营在兰姆伽组成后，我所在的第一营于 1944 年 1 月中旬出发。第二营 1 月底出发。经过加尔各答时，按编制领取装备后，即乘火车，开往印度东部边境靠近缅北的列多，在那里下车待命。当时盟军在参谋长史迪威将军的指挥下，决定从列多修一条公路，穿过原始森林到达缅北的密支那，和滇缅公路相接，这就是中印公路，又叫史迪威公路。早在 1943 年春，中国驻印军总指挥部任命新 38 师师长孙立人将军为前线司令官，率第 114 团开往列多，在击退新平洋隘口哨所之日军后，负责执行掩护筑路部队开始从列多向新平洋修路的战役。

(1) 面对凶恶之敌

当面之敌是日军负责缅北防务的号称“热带丛林作战之王”的第 18 师团。该师团被誉为“常胜师团”，曾在我国境内多处作战，疯狂屠杀我军民，犯下了滔天罪行。该师团素称

远征军名将孙立人将军

骄猛，后曾进犯越南、马来西亚、泰国及新加坡等地，于 1942 年击败中英联军后盘踞在缅甸。该师团长田中新一中将，是残忍成性的狡诈之徒，号称“所向无敌”。他这次把该师团主力布置在胡康河谷，包括新平洋、于邦、大柏卡、孟关、瓦鲁班一带，利用周围崇山峻岭、悬崖峭壁、河道纵横以及遮天蔽日的原始森林等险要地形，据险修筑大量工事，步步为营，妄图固守。据当时参战的新 22 师和新 38 师的团长李鸿、李涛介绍说：“日军从新平洋到孟关一带，其兵力、火力之配备，利用地

孙立人将军率军入缅抗战

史迪威将军

形、地物之巧妙与优越，几乎为抗日战争中防守最艰险之阵地。”我军发动攻击后，伤亡严重，进展缓慢。就在这严峻时刻，史迪威将军亲临前线，召集中方有关作战人员和美方高级参谋商量对策。有人提出用大量的凝固汽油弹和炮弹配合，干脆把这块大约有一千平方公里的地面炸翻一遍。可是，通过计算发现，需要的弹药数量太大了，运输的时间太长了，想在雨季之前打通中印公路各要点，显然不可能。有人提出用夜攻，也因地势险要而被否定。

正在万难之际，战车联络官布朗（Coller Buron）上校提议：“我们想用坦克部队参战试一试。”史迪威将军对此很感兴趣，但又顾虑地形复杂和原始森林密布，坦克难以运行。布朗上校说：“请给我一架侦察机和三天时间，让我亲自通过空中及地面侦察后，再作答复。”于是，他带领身边一位最有经验的驾驶员驾机经过从空中对地面的详细实地侦察后，将结果向史迪威将军作了认真的汇报。将军听后决定使用一个战车营发起进攻。当时，我所在的战车第一营已进入待命位置，而战车第二营正日夜兼程赶往二线增援位置。

(2) 坦克部队初征受挫

1943 年 12 月 21 日我军新 38 师在塔隆（达罗）河一线向日军发动进攻。战车第一营于 1944 年 1 月 28 日投入战斗。参战的一个坦克排（五至七辆坦克）配合新 38 师的一个步兵营作战。在塔隆河搜索前进时，上士王英华驾驶 M3A3 坦克通过河上的木桥时，不料被伏雷炸断履带，木桥也被炸坏，但未垮塌。坦克陷在桥上，进退不得。后面的坦克也无法通过，本想把这辆坦克拖回来，但敌人的火力十分猛烈，一时很难办到。受伤坦克车上的乘员猛烈向敌人开枪开炮，其他几辆坦克也隔河向敌人猛烈射击。受伤坦克上的枪弹、炮弹打完了，王英华下车用冲锋枪与敌对射，以掩护其他乘员撤退，结果一死一伤，我军只好撤退。王英华打到最后，只剩下一颗子弹时自杀殉国。

日军很佩服他，于夜间将其掩埋并竖起一根竹竿，上挂布条，写有“支那之魂”四字。

第二天，在小部队坦克的配合下，38 师另选渡河点，涉水过了塔隆河，攻占了于邦和大柏卡。战车营经过上次的作战经验教训，以后再不轻易上桥。1944 年 2 月，战车第一营派出少数坦克，在步兵的配合下向前攻进，摧毁敌人的工事，肃清沿途之敌。此时，新 38 师在左，新 22 师在右，同时向孟关攻击前进。这样，到 2 月底，公路已修到大柏卡史迪威将军

新 38 师师长孙立人（左）与盟军总司令蒙巴顿视察前线

的指挥所。将军根据布朗上校从空中和地面侦察的结果，决定以战车营为主力，并选定了一条迂回进攻孟关的路线。

(3) 原始森林中苦战五昼夜

1944 年 3 月 3 日，史迪威将军命令战车第一营配合新 22 师第 66 团第一营，绕过孟关，兜个大圈子，攻击孟关以南十六公里的瓦鲁班。由于绕道孟关走的尽是不见天日的原始森林，营长决定将营搜索车编成先遣组，任命少尉排长戴慎渊（黄埔十七期）为先遣组长，

史迪威将军（中）、潘裕坤将军（左）和柏德诺将军在前线

同时配备工兵排和装备有推土机、平路机、伐木及架桥器材的美军工兵，以及数辆坦克和火焰喷射器等一同出发。在无人烟、无道路的崇山密林中，按指北针选择道路，还要一路清除敌人的狙击兵、小据点。敌人的狙击兵隐藏在丛林中的凹坑内、岩石边、灌木林中、树上，甚至挖空了的树干内等意想不到的地方，向我方突然射击。我方士兵和工兵时有伤亡。每到这时，搜索车队就用机枪火力，组成密集的火网，由下到上，从左至右，反复扫射。就这样，一边战斗，一边修路，一边前进。虽然日夜不停，每天也只能前进数公里。

日军方面，同时也派出一支部队，企图采取同样迂回的战术阻扰我们的行动。双方在中途遭遇，激战了将近一天，我军用数辆坦克、十几辆搜索车和步兵配合作战，最终消灭了这股敌人，继续前进。这样经过五天五夜，边修路边前进。遇到敌人的小股部队，我军只用少数坦克参战，战车营主力在后面隐蔽跟进，使敌人误以为我军只是一支掩护筑路的部队。到了第六天，我军发现了敌军顽强据守的重要阵地，就是日军第18师团指挥部所在的瓦鲁班核心阵地。而由于连续的进攻，我军战车营已损坏坦克十七辆，以及其他轻型履带式搜索车十多辆。这些战车急需修复使用，以保持我军的战斗力。但靠补给连修理是不可能的，何况他们自己的战斗任务也很重。怎么办呢？

（4）调用战车保养连

在兰姆伽时我军曾成立了战车保养连，那里面的人员都是技术工人出身，他们都经过训练，车、铣、刨、磨样样都行，又有现成的电焊工和钳工，特别是他们还曾有过修复九辆坦克履带的经验，为何不调他们前来参战？由于日军惯用磁性地雷和集束磁性手榴弹，专炸坦克的弱点——履带连接处，故履带式战车的损坏率极高，严重影响了我军的战斗力。所以，指挥部马上批准调战车保养连火速兼程向新修的缅北密支那战车棚修理车间报道。

好在一百多人住的帐篷很快可以搭好，他们自带炊事员和粮食，用水更不成问题，早有备好的水井可用。修理事项由我负责指挥，各项业务采用专人负责，该焊接的焊接，该打孔的打孔，整个修理工作有条不紊地紧张开展。对外事务由联络官留太伦丁负责。不到一个月的时间，我们已将全部损坏的坦克和搜索车修复，发还部队使用。三位排长、副排长急于请战，由连长王有雄、副连长周铁生和我（修理负责人）向前线营长请示。营长请示指挥部后批准我们出击。于是，连长、排长和各班班长各自驾驶着包括刚修好的坦克，向密支那敌人的阵地发起攻击。其后所有的驾驶员驾驶搜索车，与步兵一起向敌军阵地攻击。只有我和修理员及技术员留下随时接受新的修理任务。

由于敌我此时正在瓦鲁班激战，密支那防守相对空虚，此次攻击可谓正逢其时。我们连长驾驶坦克带头攻击敌人的堡垒，一排长驾驶坦克紧随其后，先后夺得据点，全歼敌兵。二排长王天民驾驶坦克攻占敌人的碉堡，将里面的敌兵逐个歼灭。接着，三排长李荣驾驶坦克向敌人直接冲击，横冲直撞，势不可挡。其他坦克也大显神威，将敌人的碉堡逐一扫平，搜索车和步兵迅速占领阵地，一举将残敌全部歼灭，拿下了密支那城。连长忙用无线电报话机向前线指挥部报捷。打通中印公路告捷，扫清障碍后工兵即可开展铺路工作。

（5）歼敌夺印

瓦鲁班靠山临水，一侧为悬崖断壁，前有南北河环绕，水虽不深，但河面宽阔，两岸陡峭，地形十分险要。敌师团长田中新一决定在此固守，他们用了一年多的时间，构筑坚固的阵地。沿岸所筑一道道纵深长逾两公里的封锁线，遍布铁丝网和地雷，碉堡更是星罗棋布，且有战壕沟通，火网密布。当我战车第一营先遣组和先头坦克连（战车第一营第三连）扫清瓦鲁班外围据点，攻到南北河边时，乃以炮火掩护，侦选渡河点，修建两岸坦克通道。此时盟军飞机临空掩护，战车营其他各连相继进入攻击位置。

攻击开始了。先是盟军的飞机反复轰炸，接着是大炮、坦克的炮轰，敌人的阵地上是火光冲天，硝烟弥漫，完全笼罩在一片火海之中。我坦克纵队趁势分几路涉水渡河，向敌逼近。坦克上的警报器同时发出恐怖的叫声，加上炮火雷鸣，使敌人闻之胆战心惊。我军各坦克连分路疾进，将敌三面包围，向敌阵地猛攻，碾压轰击，纵横扫荡，摧毁了敌人的工事。十几辆搜索车紧随其后，用机枪猛烈扫射钻出来企图炸我坦克的敌兵。我军的步兵也紧随其后勇猛地冲了上去，用手雷或火焰喷射器将负隅顽抗之敌一一消灭。

有一个笔名叫远宁的中央通讯社随军记者，用笔记录下了参与瓦鲁班之战的亲身经历。他写道：

……炮弹好像就落在附近，溅起一阵阵烟雾和许多小石块。双方的步兵也在射击，机枪子弹打在坦克的钢板上，发出叮叮当当的敲击声，好像夏天的疾风骤雨猛力击打在铁皮房顶上一样。我们的坦克也开始还击，炮手每开一炮，坦克就剧烈颤簸，并且发出可怕的金属震响。座舱里很快就充满了呛人的烟雾。我嗓子眼火辣辣的，不得不大咳起来。突然一发炮弹险些击中我们的坦克，火光一闪，窥视孔里一片漆黑，什么也看不见。一股更加辛辣的硝烟钻进坦克里，呛得我险些窒息。幸好坦克很快冲出浓烟和黑暗，窥视孔里出现亮光，我们完好无恙，继续前进。

在我军三个坦克连快要合围敌军阵地时，突然从敌阵地中冲出来几辆97式坦克和装甲车，但很快就被我军的坦克打成哑巴不动了，或冒烟起火了。敌方有许多士兵冒死来炸我军坦克，他们扔来一批批的手榴弹，有的砸在车身上，有的砸到舱盖后爆炸。幸好我军的坦克装甲较厚，一般的手榴弹对它不起作用。但我军第 72 号坦克被敌人的集束手榴弹和磁性地雷炸毁；另一辆坦克中弹起火，机枪手李驰明下士跳下车来，他的身上已着起了火，但他全然不顾，端着机枪不停地向敌人射击。在其后打扫战场时，我们发现他的遗体已被焚为焦炭，但他双手仍紧握着机枪把子。有一辆坦克被地雷炸断履带，车上的乘员随即以枪炮还击，修理员技工杨柏相冒着敌人的炮火抓紧抢修，终于把车修好了，但他本人却负伤被送往后方医院治疗。他的英雄事迹受到了战地指挥官史迪威将军的表彰。

1944 年 3 月 8 日，在瓦鲁班经过一天的激战后，我坦克冲入敌阵，摧毁其防御工事，消灭了大量负隅顽抗的守敌，最终占领了敌人的阵地。先遣组长戴慎渊少尉和排副陈培强（黄埔十七期）一起驾驶坦克带头冲进日军第 18 师团指挥部。在那个被打得破烂不堪的敌军指挥部里，他们首先发现两名佩戴上校（大佐）和中校（中佐）肩章的敌高级军官的尸体（第

56联队长山崎大佐和第18师团作战课长石川中佐）。他们认为此地不简单，就带着士兵仔细搜索，发现一堆松土下面压了许多烧毁的文件的纸灰。再往下一挖，他们发现师团大印一枚，又找出一幅敌18师团重要补给物资图。他们将此图交到总指挥部后，根据上面的标示，发现了日军的物资仓库，遂派飞机将其炸毁。戴慎渊在这次行动中被弹片击伤，遂立即送往后方医院。他由于出色完成了先遣任务和缴获了日军18师团大印，被授予“抗日英雄”称号。

扫清敌18师团指挥部后，第一战车营奉命追击日军。日军隔河用猛烈的炮火实行阻击。我坦克部队避开敌正面火力，绕道寻找渡河点。找到一处地点后，第三连连长孙明学和排长唐遥（黄埔十七期）带头驾驶坦克涉水冲过河去。全营坦克紧跟着冲过了河，随即对敌阵地发起攻击。经过前面几次战斗，我们已经有了一定的作战经验，而日军属于溃逃下来的残兵，还来不及修筑牢固的工事。于是我们猛冲上去，不给敌人以喘息立足之机，将妄图负隅顽抗之敌一一歼灭。此役消灭日军五百多名，缴获37战防炮三十六门。我军损坏战车十七辆，后由保养连全部修复，连同十多辆搜索车，已由保养连派人驶来归还部队。

是否继续追击日军？指挥部决定先打扫战场，待研究后再定。在打扫战场时，没有发现日军第18师团长田中新一中将的尸体，可以肯定其是乘79式坦克逃跑的，而该坦克是柴油机，最多到达同古就会没油了。且沿途的加油设施均已被英国人破坏，日军根本无法加油，他们把许多重武器都扔下了。是次战役，我们共消灭日军一万多人，只逃跑了二千多人，于是，指挥部决定不追赶了。我军的油料带得也不多，只够返回列多。这一场战斗很合算，夺回了缅北许多土地，特别是拿下了密支那重镇，不仅使工兵可以很快投入修筑中印公路，而且还运回数十车作战物资，及时补充了作战的需要。更重要的是，第一战车营作为攻坚主力参加了这次战役，且大获全胜，仅损坏了五辆坦克，却击毁了日军大量的坦克、装甲车和防御工事，消灭了大批日军。尤其是战车保养连在战场上全力修理受损车辆，使其尽快回到战场，从而保证了全营的战斗力，为该次战役的胜利作出了重要的贡献。开庆功会时总指挥特别对战车保养连提出了表彰。

而此时，世界格局正发生着深刻的变化。在西线战场，意大利的墨索里尼已经全线崩溃，他本人已被意大利游击队绞死在米兰的广场上；德国战场也已全面告负，英美联军已攻入西柏林，苏联红军则占领了东柏林，希特勒和他的情妇在地下室自杀。此时，三个轴心国只剩下一个小日本。在中、美、英、苏等国的联合打击下，日本也已走投无路，准备接受《波茨坦公告》，无条件投降。长达八年的抗日战争终于以我们的全面胜利而告终。

我们战车第一营奉命回到了兰姆伽。我们

在这里接受了最初的训练后，就直接开赴缅甸参加了对日作战，并取得了最终的胜利。我们全体参战人员都经受住了战场上火与血的考验！我们的心情都无比地激动！接着，我们就要准备空运回国了。

六、尾声

我们由印度回到了昆明，初到时没有事干，就在大街上逛。后来上峰让我们给部队修理汽车，吃住都由国家供给。到了 1945 年 8 月 15 日这一天，日本宣布无条件投降。听到这一消息，整个昆明一下子沸腾了，人们涌上大街，敲锣打鼓，燃放鞭炮，载歌载舞，彻夜狂欢。不管认识还是不认识，都互相拥抱，热泪横流。我们和广大市民一起庆祝了一天一夜，真是永生难忘！八年的艰苦抗战，我们牺牲了多少战友和百姓，终于等到了胜利的这一天！我现在回想当时的情景，还不禁老泪纵横！

接管修车任务后，我们全连就住在金马碧鸡坊西头大街的尽头。全连每天的伙食是要紧的事，是需要有人管的，在连务会上大家选我当了负责接洽的事务长。我每天开着小吉普车佩戴着上尉军衔，去云南省政府的供应机关办理有关方面的事务。省政府负责这方面事务的是一位少将，我见到他便向他报告了我们单位的名称和人数，介绍了我们刚从缅甸参战回国，现接管修车任务等。这位少将听完我的汇报，就给我批了十天的口粮、三头猪和菜蔬，给钱让我们自购。于是，我天天出去和后勤部门联系，购买生活用品。当时抗战刚刚胜利，物价回落了不少，法币也值钱了，物品很充足。我们过了一段好日子。

后来，我被调到军政部汽车训练班当中尉助教，不在那个战车保养连了。有一天，我走在昆明大街上，又看见了那个熟人华侨在摆地摊做生意。我告诉他，过了元旦我们就准备往南京开拔，一共有一百多辆十轮大卡车，他要一起走，就在柘东门外等着上车吧。和他说好后，我就到专卖美国货的摊儿上买了几样东西回去了。

1946年1月4日，我们的车队启程了，头一站是云南曲靖，即云南火车站的起点。一直经过云南到达贵州的盘县，然后在那里加油，住了一晚。第二天就爬云贵公路的江西坡，江西坡最高坡度是十七度。一般商车走这段路要歇五六次，车下还要有助手跟随，用三角木垫五六次后轮胎，才能慢慢地爬上坡。这一段路陡，要是垫不好，往往要出事故的。我们开的是从印度回来的美国通用公司的GMC十轮大卡车，爬坡时，只要把加力挡一挂，前后轮驱动，一加油门就上来了。旁边的普通商车看了直点头，真有劲！

一过十八拐，才到了平点儿的地区，再往前就是黄果树瀑布景区了。大家都把车停下来欣赏这著名的风景。一百多米的落差形成的巨大的水帘蔚为壮观。真是人间奇景！之后，我们来到了贵州的省会贵阳。一直在此等了一个星期，我们才加满了汽油，又带上几桶汽油备

黄果树瀑布

用，继续出发。车过安顺场，我们来到了太平天国翼王石达开渡河受阻的地方凭吊。

经过贵定黄平后，才算进入了湖南湘西境内。首先到达的是芷江，这是日军投降的地方。车在这里停留几天准备加油。在这里加油就方便了，因为有油管直接输送。之后，我们经邵阳至衡阳，等待过湘江的轮渡。一天只能渡几趟，我们足足用了一个月才渡完。我们就住在商家的店堂内等待过江。

这时到长沙的火车还没运行，因为结束抗

战不久，日军还没有撤退完，他们背着大米在街上排队行走，我们的车队只能一点一点地往前挪。日军见到军人就得敬礼，不敢违抗，老实极了。想当初，他们进攻衡阳的时候是怎样的凶残啊，现在却背着米一步跟着一步走，可怜相尽露，可我们根本不理他们。

南岳衡山旅游区

既然要在衡阳等待一个月才能过江，何不去南岳衡山看看？于是我们四人就开了一辆小吉普奔了衡山，两地相距一百多公里，一会儿就到了。将车停放好，我们就上山了。一路走，一路观光，景色很美，却没有什么游人。山上有许多建筑，我们走进一家大厅，里面有很多名人字画，还有沙发，我们便坐下休息。中午我们在一家饭馆吃了一顿饭，随后便下山了。回到衡阳刚好是吃晚饭的时间。我们把车放好，随便吃了一点，就休息了。

没过几天，就该我们上轮渡过江了。到了江东岸，等车都过完了，我们才继续上路。我们要去的地方是耒阳，我过去在那里住过。我母亲抗战时逃难就住在耒阳的竹塔市，后于1940年因脑溢血而病逝于此，就葬在这里了。路过这里时，我曾停车下来，找到她老人家的墓地专门为其扫墓祭奠，之后才又继续赶路。不知不觉，我们已经出了湖南地界进入了江西省。在上饶小住数日后便来到了鹰潭，这里虽然只是个镇，却四通八达，是交通枢纽；亦是江西西部的重要门户。我们在这里需住上十日以等待油料，于是决定去龙虎山的张天师府看看。那可是中国封建时代有名的人物，听说现在已传至第五十七代了。我们开车跑了一百多里才来到张天师府，走进黑漆大门，看到内有一口大井，上面的井盖上了锁，传说是防备妖怪出来兴风作浪；盖儿上有符咒镇压，谁也不能动，钥匙就在张天师手中。此外有上几代张天师的符咒真迹，别的也就没有什么了。我们就开车回来了。可谓是乘兴而去，败兴而返。谁信他们装神弄鬼那一套呢！

回来后不久，汽油就到了，我们加好油就继续向江西的东部进发。沿途遇到很多河流，

龙虎山张天师府

由于战后还修不起桥，我们只好涉水过河。幸好河水不深，我们的车就一辆接着一辆开过去了。河边停着几辆商车，他们的车过不去河，正在那里发愁呢。此时我正要开车过河，他们见我的车有绞盘，就一起向我求情，请我把他们的车拉过去。我答应了，便把他们的五辆商车一辆一辆地拉过了河。

进入浙江省南部的山区后，又走了一两天，便来到了皖南。车到徽州后，由于城门洞太小进不去，我们便把车停在城外，走进城内去逛那大街小巷。我还买了几支毛笔和一盒墨，准备写字用。

下一站是宣城——产宣纸的地方。宣城的街道在马路的右侧，是东西向的；左边是丘陵和树木。城市并不大。大街上有很多烧饼摊，烧饼外有芝麻，内有油酥加白糖，好吃极了。我们都争着买来吃，不大的工夫就把烧饼全买光了。

再下一站是芜湖，休息几天后，我们就向

目的地南京开去。芜湖离南京很近了。当我们这一百多辆的车队开进中华门，开到南京下关码头等待轮渡时，那几位搭车的山东熟人急忙下车，千恩万谢地走了。

回想这一路，我们经过了七个省，行程一万多公里，爬山涉水，风风雨雨，总算是平安抵达了目的地——南京。我们都松了一口气。过江后，我们到江浦县待命，在这里住了两个月。这期间，我曾回老家巢县去看了看。那时还不通火车，只能坐汽车到芜湖，再转长江支流去巢县，这就要两天的时间。回家后，一切如旧，房屋还在，只是人都逃难走了。看过老家后，我又回到江浦县，到南京找到了我的哥哥张业超，又找到表姐夫张慎道，以及表兄弟祖庆年、祖瑞年和祖耆年。大家欢聚一堂，共叙衷肠，回首八年抗战胜利来之不易，不禁感慨万千。后来我们还经常往来。

这时，汽车训练班传来消息，要我们复员。这是蒋介石玩弄的手段，把暂不需要的部队解散，为的是给共产党看：我们在缩减部队。但这对于我们来说，不算什么。你这里不要，有的是人要，因为从印度回来的远征军当时很吃香。

我们马上就去了国民党联勤总部军械保养团第一营，他们当时驻扎在上海的愚园路。我们赶到上海见到了营长张叔方，他了解了我的经历后，知道我是黄埔十八期的，便委任我为第三连副连长，上尉军衔。其他有连副和排长的不等。

因为整个部队要开往北平，我们便在吴淞口暂住等海船。部队有八辆工程车及其他车辆共二十多部，他们听说我们在印度是开汽车和坦克的，又是修理的老手，都非常欢迎我们的到来。船来了后，我们忙了两天，将汽车全部吊上船就起锚北上了。第三天到了渤海湾，进入秦皇岛港口就准备下船了。我们把全部汽车吊上岸，等火车皮一到，我们就把汽车和其他军事用品装上车，次日就直接开往北平了。我们是在前门火车站下的车，负责带队的人吩咐我们将车开到广安门内西便门南大道4号便是，于是我们驾车跟着带队的吉普车就到了住地。大家把行李卸下来，等候分配住处。因为已经吃过晚饭了，分好后我们就先睡了。这时正是1946年的春季，北平早晚还很凉，没有火炉，但凑合一宿就是了。第二天早上起床再作安排。我们先把汽车停放在棚里，工程车没地方停，就停在马路旁，由特务排看守。只要大家能动手干活就行了。各连开始整修房舍和驻地，我们就在这里驻扎下来了。

到了第二年，即1947年，我们开始招收新兵，培养他们学习修理技术。他们都很乐意学，后来学会的人真不少，都能跟班做事了。

1948年的一个星期天，我上街时碰到一位在军校时的老同学卢贤良，他在第五补给区司令部当少校科长。他见我的军衔是上尉，便询问我的情况。我向他介绍后，他告诉我，他所在的第五补给区司令部的汽车连长因事请假不回来了，该缺急需补充，我若能去，只要跟保养营一说即可调人。我一想也好，就同意了。办好调动手续后，我便成为第五补给区司令部汽车连少校连长，负责管理五十多辆车。那时，国共战争打得正紧，辽沈战役即将结束，共军马上要进关了。到了1948年12月13日，北平被围。不久，天津守城的陈长捷被俘，北平的傅作义只能接受和谈。

1949年1月31日，北平和平解放，我们跟随傅作义将军全部和平起义。北平这座千年古都完整地交回了人民的手中。

七、结束语

上面写的都是我在 1943 年 3 月至 1949 年 1 月间所亲身经历过的事件。文中的人名和事件都是真人真事。虽然经过了六十年的变迁，我也已年过八旬，一些小的枝节、琐事难免忘记了，但大的事件、重要关头和转折点，我是不会忘记的。它们已经融入了我的生命。我为自己年轻时所作出的选择无怨无悔。我为自己能亲身参与那场伟大的抗日战争而感到骄傲。我可以自豪地说：我爱这个民族和国家！我为她们尽了力！

张业辉遗作

张世林整理

2015 年 8 月 10 日